AF227143

PANÉGYRIQUE

DE

SAINTE THÉRÈSE

PRONONCÉ

DANS LA CHAPELLE DES CARMÉLITES DE LILLE

LE 15 OCTOBRE 1886

PAR

Mgr BAUNARD

PRÉLAT DE LA MAISON DE SA SAINTETÉ

SUPÉRIEUR DU COLLÈGE SAINT-JOSEPH

PROFESSEUR AUX FACULTÉS CATHOLIQUES DE LILLE.

LILLE

IMPRIMERIE DE J. LEFORT

24, rue Charles de Muyssart.

1886

PANÉGYRIQUE

DE SAINTE THÉRÈSE

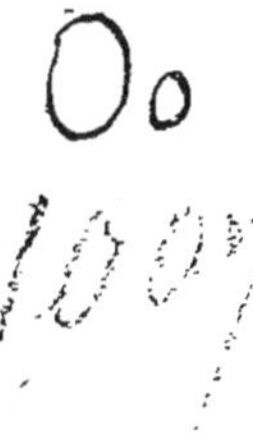

PANÉGYRIQUE

DE

SAINTE THÉRÈSE

PRONONCÉ

DANS LA CHAPELLE DES CARMÉLITES DE LILLE

LE 15 OCTOBRE 1886

PAR

Mgr BAUNARD

PRÉLAT DE LA MAISON DE SA SAINTETÉ

SUPÉRIEUR DU COLLÈGE SAINT-JOSEPH

PROFESSEUR AUX FACULTÉS CATHOLIQUES DE LILLE.

LILLE

IMPRIMERIE DE J. LEFORT

24, rue Charles de Muyssart.

1886

PANÉGYRIQUE

DE

SAINTE THÉRÈSE

> *Ascensiones in corde suo disposuit, in valle lacrymarum, in loco quem posuit.*
>
> Elle a disposé dans son cœur les ascensions de l'amour, et traversé ainsi cette vallée de larmes jusqu'au lieu de son repos. (Ps. LXXXIII. 6.)

MONSEIGNEUR (1),

MES CHÈRES SŒURS, MES FRÈRES,

'HOMME se mesure à ce qu'il aime. Les grandes âmes sont celles qui aiment un plus grand objet et qui l'aiment grandement. Les plus grandes de toutes sont celles qui aiment un objet infini et d'une ardeur sans mesure. Tels sont les saints et les saintes.

C'est particulièrement la grandeur de la Sainte que nous honorons en ce jour. Vous l'appelez, mes Sœurs, votre Mère séraphique, et vous la représentez avec un

---

(1) Mgr Hautcœur, Recteur des Facultés catholiques et Directeur du Carmel de Lille.

cœur transpercé d'amour pour Jésus-Christ. Je ne veux pas d'elle aujourd'hui d'autre sujet de louange : aussi bien n'en saurais-je trouver qui soit plus approprié à ce que fut son âme et sa vie. Thérèse de Jésus est, pour moi comme pour tous, la Sainte de l'amour divin ; et c'est pourquoi, la considérant à ce beau point de vue, je suivrai, dans cette vie, ce que le Prophète appelle « les ascensions du cœur » dans les voies de l'amour. — Je la vois d'abord en gravir laborieusement les pentes, non sans quelques écarts, jusqu'à ce qu'elle ait retrouvé dans une ferveur repentante ce qu'elle avait d'abord possédé dans la candeur baptismale : c'est l'époque de l'éducation, de la vocation et de la formation de Thérèse. — Je la vois ensuite qui s'établit sur le sommet de l'amour, où la sainteté la transfigure : c'est l'époque de son union à Dieu par la vie d'oraison, d'immolation et de perfection. — Enfin je la vois qui, de ces cimes de la vie contemplative, épanche sur les âmes le fleuve qui déborde de la sienne : c'est l'époque de son triple apostolat, la réformation du Carmel, la prière pour l'Église universelle et le dernier travail de ses immortels écrits. Nous la suivrons dans ces démarches, et ainsi apprendrons-nous successivement comment Thérèse a trouvé Jésus, comment Thérèse a aimé Jésus, comment Thérèse a glorifié Jésus : c'est la progression de sa vie et ce sera aussi le partage de ce discours.

Ah ! mes Frères et mes Sœurs, implorez pour moi et avec moi Marie, la reine du Carmel, afin qu'elle assiste et qu'elle enflamme ma parole, car il faudrait avoir les lèvres d'un séraphin pour parler de ces choses.

I

C'était au xvie siècle, au siècle de la Renaissance, c'est-à-dire du paganisme renaissant; au siècle de la Réforme, c'est-à-dire de la révolte du protestantisme. Le saint amour avait baissé au cœur refroidi de la chrétienté, dont presque la moitié s'était séparée de l'Église de Jésus-Christ. Mais vous entendez bien que le fleuve de la charité et de la sainteté ne peut tarir sur cette terre arrosée par le sang du Fils de Dieu, et ce qu'il vient de perdre en étendue par l'apostasie des uns, il faut qu'il le regagne et le retrouve en profondeur par la ferveur des autres. Voilà pourquoi Notre-Seigneur chercha quelque part des âmes qui fussent et plus ardentes et plus profondes en amour. L'Espagne les lui donna. L'Espagne avait excellemment mérité de Jésus-Christ par huit siècles entiers de croisade contre l'islamisme. Jésus-Christ l'en paya presque à la fois par trois dons dignes de sa magnificence. Il lui donna une grande reine, Isabelle de Castille, et avec elle Grenade arrachée aux Maures, et la Péninsule enfin délivrée des infidèles. Il lui donna un grand homme, Christophe Colomb, et avec lui l'Amérique, c'est-à-dire un empire sur lequel le soleil n'allait plus se coucher. Enfin et surtout, dans un ordre de choses supérieur aux deux autres, il lui donna une grande sainte, il lui donna Thérèse.

Les préparations divines sont admirables en cette âme que Dieu et le monde se disputent, non seulement dans le tumulte de la vie séculière, mais encore dans la solitude de la vie religieuse. Tel est le double champ de bataille où nous allons voir se livrer entre le ciel et la terre un combat de trente ans dont cette âme est le prix.

Elle en valait la peine. Représentez-vous une âme riche de tous les dons de la nature et de la grâce, et comme pétrie d'une essence de lumière et de flamme. L'intelligence jusqu'au génie, la force jusqu'à l'héroïsme, et, avec cela, l'éclat, l'éloquence, le charme : Thérèse avait tout cela. Mais surtout elle avait le cœur, ou, pour mieux dire, Thérèse de Jésus, c'est un cœur; et, chez elle, le cœur inspire et gouverne tout le reste. La grâce survient alors qui, dans ce cœur, allume la charité de Notre-Seigneur Jésus-Christ. Elle lui vient du saint baptême, dont le rejaillissement a donné cette candeur virginale à son front, cette limpidité à son regard. Elle lui vient de son milieu du foyer domestique : de l'exemple de son père et de sa mère, deux saints époux que plus tard une vision lui montrera dans le ciel; de ses frères — ils étaient neufs, — tous fiers chevaliers de Castille, mais aussi chevaliers de l'Église et de la foi; de ses deux sœurs Marie et Jeanne, dont la première sera la tutrice de sa jeunesse, et la seconde sa secourable auxiliaire dans ses entreprises; enfin de sa ville natale, dont un proverbe disait « qu'Avila n'était bâtie que de pierres et de saints. »

Ainsi soulevé par tous les souffles de ce monde et de l'autre, c'est tout droit à l'héroïque que se porte ce jeune cœur. Déjà, de concert avec son frère Rodrigue, Thérèse rêve le martyre, et tous deux se mettent en route pour l'aller conquérir sur les terres des Maures. Déjà elle rêve le désert, et, avec Rodrigue encore, elle se bâtit des ermitages dans le jardin de son père, pour y prier ensemble : « Quoi ! toujours ! toujours ! éternité ! éternité ! »

allaient se répétant entre eux ces généreux enfants. Ainsi, du premier coup d'aile, c'était à l'infini que s'en allait le vol spontané de l'innocence, comme s'élèvera le vol de la sainteté consommée, parce que c'est naturellement le vol des cœurs purs. Là est leur belle patrie, et les petits enfants que le Seigneur bénit de cette double bénédiction du saint baptême et de l'éducation chrétienne, sont dès ici-bas, comme lui-même nous l'apprend, les hôtes et les familiers du royaume des cieux : *talium est enim regnum cœlorum.*

Pourquoi faut-il que le monde nous fasse déchoir de cette beauté et de cette félicité? Thérèse connut le monde, et là commença le combat. Le monde ne la blessa pas gravement, grâce à Dieu, mais il la toucha, il l'effleura du moins ; et c'en fut assez pour que l'idéal de son cœur en subit une dépression dont elle raconte le péril. Le monde, « qui est tout entier dans le mal, » ne l'attira pas par la face grossière du mal : la Sainte déclare qu'elle en eut et qu'elle en garda constamment l'horreur. Mais comme elle était tout amour et toute sensibilité, il la prit par ces facultés brillantes ; et elle qui, tout à l'heure, plaçait ses admirations et ses aspirations dans l'héroïsme du martyre, la voilà qui, jour et nuit, se repaît de la chimère des romans de chevalerie, en compagnie du même frère, jusqu'à vouloir composer, avec son assistance, une de ces creuses fictions. Regardez maintenant et voyez où en est ce cœur ; souvenez-vous de ce qu'il fut, et mesurez la distance : hier il était dans le ciel des cieux, et aujourd'hui voilà qu'il se perd dans le nuage. O la misère, ô la tentation, ô la séduction, même des meilleures âmes ! Ce fut le premier assaut livré au cœur de Thérèse et le premier abaissement de l'idéal divin. Puis voici le second.

Le monde la prit par l'amorce de la vanité. Au premier regard que la jeune fille, se réveillant de l'enfance, a jeté sur elle-même, elle y a découvert des dons d'esprit et de corps dont elle s'est faite idolâtre, au lieu d'en rapporter la gloire à leur Auteur. Et elle qui, tout à l'heure, rêvait les austérités des Pères du désert, de quoi s'occupe-t-elle maintenant ? « Je prenais goût à la parure, avoue-t-elle, je voulais paraître bien, je prenais grand soin de mes mains, de mes cheveux ; j'avais recours aux parfums et à toutes les vanités que je pouvais me procurer. » Quelle futilité, Mesdames, et quel péril ! Ce fut le second assaut que lui livra le monde, et le second abaissement d'une âme faite pour Dieu.

Est-ce tout ? Le monde la prit par la dissipation de ses sociétés légères. Ah ! je sais bien que le monde que Thérèse voit et reçoit dans la maison de son père, n'est que celui de sa parenté et de l'innocente amitié. Mais il ne lui déplaît pas que ses jeunes cousins l'admirent et le lui laissent voir. « Je les laissais parler de tout ce qu'ils voulaient, j'animais moi-même la conversation, et, pour leur faire plaisir, je m'intéressais à leurs rêves d'avenir, à leurs folies d'enfant et autres choses qui ne valaient rien. » O la complaisance funeste et le terrible écueil ! Thérèse nous en avertit : « Si j'avais un conseil, dit-elle, à donner aux pères et aux mères, je leur dirais de prendre bien garde aux premières compagnies de leurs enfants, car de grands dommages peuvent en résulter. J'en ai fait l'expérience. » C'est le troisième assaut, et le troisième abaissement d'un cœur qui, non seulement s'égare et se dissipe, mais qui déjà se dessèche pour les choses de Dieu : « Il était devenu si dur, avoue-t-elle dans l'histoire de sa vie, qu'à cette époque j'aurais pu lire tout entière la Passion de Notre-Seigneur sans verser une larme. »

Quoi! est-ce bien elle, chrétiens? La reconnaissez-vous encore? Et « la fascination de la bagatelle » dont parle l'Écriture, a-t-elle donc cette puissance sur les plus nobles âmes? Ah! sans doute Thérèse est encore à Jésus-Christ; mais, hélas! je tremble : ne va-t-elle pas lui échapper? et n'est-il pas temps que ce tout-puissant Vainqueur s'assure cette belle conquête?

« Mon histoire, écrivait Thérèse, n'est que celle des miséricordes du Seigneur. » C'est vrai; et vous allez voir ce que la miséricorde est ingénieuse à faire pour regagner une âme et la redonner à Dieu. Ne l'accusez pas de rigueur si d'abord elle enlève à cette enfant sa mère, une sainte femme, sans doute, une mère bonne, Mesdames, comme sont toutes les mères, mais une mère trop facile, comme sont, hélas! trop de mères. Et puis, quelle mère céleste la miséricorde lui donne en échange de celle-là! « Toute désolée, écrit-elle, j'allai me jeter aux pieds de l'image de Notre-Dame, et, avec beaucoup de larmes, je la conjurai de me tenir lieu de mère, puisque j'avais perdu la mienne. Je sentis, dès cet instant, que j'étais exaucée. »

Ici commence le travail de Celui dont la sagesse dispose toute chose d'un bout à l'autre doucement et fortement. — Le siècle attirait Thérèse, et il l'aurait égarée : miséricordieusement Dieu la retire du siècle pour la cacher, jeune pensionnaire, dans le secret de sa face, au monastère des Augustines de Notre-Dame de Grâce, une de ces terres promises où coulent le lait et le miel de l'amour de Jésus-Christ : « Là elle sent, comme elle dit, renaître en elle le désir des choses éternelles. » — En second lieu, le siècle lui avait présenté l'amorce d'amitiés trompeuses ; et miséricordieusement Dieu lui donne, dans la personne d'une de ses maîtresses, une de ces amies qui ne l'attirent que pour l'éclairer, et dont « la conversation toute sainte lui parait délicieuse. » — Enfin le monde lui avait mis entre les mains le poison subtil de ces livres qui débilitent le tempérament des âmes quand il ne les tuent pas. Dieu miséricordieusement lui fait boire le pur breuvage des lectures sacrées. Ce sont les Pères, c'est saint Jérôme, saint Grégoire, saint Augustin, et avec eux sainte Paule, sainte· Eustochie, sainte Mélanie, sainte Monique, qui remplacent les héros et les héroïnes de roman. Ah ! chrétiens, quels livres ! Et qui nous rendra aujourd'hui ces substantielles lectures de nos pères et de nos mères ? « Elle lut, dit votre Fénelon, et sentit la vérité. Elle l'aima et ne s'aima plus elle-même. Enfin, pour se punir d'avoir trop aimé le monde, elle se condamna à ne le voir jamais. »

Pour un tel cœur, aimer, c'était se donner sans retour ; sa religieuse amie lui avait fait connaître « les joies que le Seigneur réserve à ceux qui abandonnent tout pour son amour : » Thérèse se jeta dans le cloître. Mais au prix de quel sacrifice ! Ah ! parents qui, un jour, en voyant vos filles s'arracher de vos bras, vous êtes dit peut-être que ces cœurs immolés sont des cœurs insensibles, ne savez-vous pas qu'au contraire ce sont les cœurs les plus tendres ? Et si vous voulez connaître combien vous êtes aimés par celles qui n'aiment rien tant que vous, excepté Dieu, écoutez Thérèse qui vous l'apprendra dans sa langue énergique : « Le jour où je sortis de la maison de mon père, j'éprouvai toutes les douleurs de l'agonie. Je crus sentir tous mes os se détacher les uns des autres.... Mais Dieu, en ce moment, releva mon courage. » C'était, chrétiens, le premier triomphe de l'amour.

Il en eut un second : mais celui-là, serez-vous à même de le comprendre? On comprend si peu et si mal la vocation religieuse, et plus mal encore la perfection religieuse! Vous n'êtes pas, j'espère, de ceux qui regardent l'entrée en religion comme un acte de dépit ou de désespoir, et le couvent comme le refuge des désespérés et des mélancoliques. Peut-être même êtes-vous de ceux qui comprennent encore qu'on se dévoue à Dieu dans la personne du malade, de l'enfant, du pauvre, son image vivante. Mais qu'au lieu de se dévouer à Dieu dans son image on se dévoue à lui directement, à sa personne; qu'on fasse de Dieu ce que l'on fait habituellement de ce que l'on aime; le rêve de tous ses instants, l'occupation constante de sa pensée et de son cœur; qu'on passe sa vie en sa présence à s'entretenir avec lui, comme l'ami avec l'ami, et à le contempler, fixé sur ses perfections, comme l'enfant immobile sur le regard de sa mère; qu'on trouve son bonheur et son ravissement dans la méditation et l'adoration de cette beauté, de cette bonté, et de cette grandeur infinie qui fait l'extase des anges et des bienheureux; que ce soit là non seulemeut « la meilleure part » et la plus haute existence, mais aussi la plus raisonnable, la plus véritable, puisque Dieu ayant créé toute créature pour sa gloire, les plus sages créatures sont celles qui accomplissent directement, continuellement cette fin essentielle de toute la création : voilà ce que ne peuvent comprendre ceux qui veulent bien qu'on donne sa vie à la fortune, à l'étude, à la jouissance ou au service des hommes; mais qui, peu soucieux de l'honneur de Dieu lui-même, souffriraient volontiers qu'il manquât par instants d'adorateurs en ce monde, et qui laisseraient à la flamme de la lampe du sanctuaire le soin de représenter seule l'adoration des mortels.

Maintenant que vous comprenez la vocation de Thérèse, vous comprenez aussi le sentiment d'allégresse qui, comme elle le raconte, « lui faisait trouver délicieuses toutes les pratiques de son monastère. » C'est à ce point que « lorsqu'il lui arrivait, dit-elle, de balayer aux heures qu'elle passait jadis à faire sa toilette, elle éprouvait une joie ineffable d'être délivrée de ces folies. » Mais la fuite du monde est-ce la délivrance du monde? Et son funeste esprit ne cherchera-t-il pas à s'insinuer jusque dans ces cœurs consacrés pour qui la perfection est d'être à Dieu sans partage et de l'aimer sans mesure? J'ouvre la *Vie* de Thérèse écrite par elle-même : Que veulent donc dire ces pages toutes mouillées de ses larmes? D'où viennent ces gémissements? Qu'appelle-t-elle ses infidélités et ses ingratitudes? Elle avait fui le monde, mais le monde était venu à elle plein de caresses et de pièges. On l'admirait tellement! Elle apportait dans l'entretien tant de bonne grâce, de sagesse et de distinction! Or c'étaient ces visites et ces conversations qui partageaient son cœur et qui le dissipaient en le soustrayant à Dieu. Mais Dieu ne veut pas qu'on reprenne la moindre part d'un don qu'on lui a fait sans réserve, et sa sainte jalousie ne souffre pas plus de taches dans les anges de la terre que dans les anges du ciel. Thérèse l'a oublié. Dans cet encensoir de son cœur, un peu de feu étranger, que dis-je? un peu de cendre s'est mêlé à ce feu qui seul doit brûler devant le Saint des saints ; et de là ces sanglots qui ne cesseront de s'exhaler qu'avec son dernier soupir.

Vous en riez, mondains, qui ne comprenez rien à cet amour jaloux, vous en riez ; mais Thérèse déclare que

« pour elle, étant la faiblesse même, elle aurait trouvé là le chemin de l'enfer, si le Seigneur, par des grâces très particulières, ne l'eût tirée de ce péril. » Qu'est-ce à dire ? C'est qu'à la suite de cette dissipation est venu, comme conséquence, l'oubli de l'oraison. Conversant trop avec le monde, elle ne sait plus, elle n'ose plus converser avec Dieu. Ah ! ne riez plus maintenant, car cet oubli de l'oraison, c'est l'anémie de l'âme et le prélude de sa mort. Ne riez plus, car Thérèse vous déclare encore une fois que « c'était déjà l'enfer qui s'ouvrait sous ses pas, et que, par ce funeste abandon de la prière mentale, elle s'y jetait d'elle-même sans qu'il fût besoin de démons pour l'y précipiter. » Ne riez plus, car Jésus pleure. Un jour, Thérèse « l'a vu lui montrant un visage sévère et contristé. » Un autre jour, durant la semaine de la Passion, elle a vu l'*Ecce homo* sanglant, couvert de plaies, qui semblait la regarder et lui reprocher son long délaissement.

Comment un cœur comme le sien y eût-il résisté ? C'était le regard de Jésus abandonné de ses amis, rencontrant le regard de Pierre un moment infidèle, pénétrant son cœur et en faisant jaillir une source de larmes qui ne devait plus tarir. Thérèse tombe à genoux et proteste à son Époux « qu'elle ne se relèvera plus qu'il ne lui ait accordé sa grâce. » De chers souvenirs et de saints exemples lui viennent prêter secours. Elle se rappelle son père, don Alphonse, mourant de la mort des saints et lui léguant son esprit d'oraison en héritage. Elle se rappelle Madeleine aux pieds de son « bon Maître ; » et elle aussi elle y répand, elle y brise son cœur comme un vase de parfums. Elle se rappelle, le livre en main, Augustin terrassé par une voix du ciel : « A cette lecture, dit-elle, je crus entendre la même voix, je fus inondée de larmes, et je pleurai longtemps brisée de repentir. Dieu soit béni ! il me ramenait de la mort à la vie. » Cette vie, c'était l'oraison dont elle avait promis de reprendre l'habitude au religieux, confesseur de son père expirant ; l'oraison que, pendant quatorze ans, elle devait traîner « comme une agonie » dans l'ennui et dans la tristesse mortelle ; mais l'oraison que, quand même, elle n'abandonna jamais et où elle s'éleva à des hauteurs que nous allons redire.

« O mon Dieu ! terrasser une âme et lui donner une nouvelle vie n'est pour vous que l'œuvre d'un instant ! » s'écriait-elle plus tard. Ce second triomphe de la grâce fut en effet définitif. Les préparations divines sont terminées désormais ; les pentes escarpées sont gravies, et le sommet est atteint. Considérons donc Thérèse dans cette élévation de l'union à Jésus-Christ, qui est la vie d'oraison, d'humble obéissance et de perfection.

II

L'oraison : je viens de nommer, chrétiens, la force vitale du monde surnaturel, et la puissance cachée qui remplit de son action toute l'histoire des âmes. Aussi ancienne que l'homme, l'oraison entre avec lui dans ce Jardin dont il est dit que « Dieu s'y promenait » par des sentiers de lumière, de grâce et de bonheur. Elle habite la tente d'Abraham et des patriarches à qui Dieu a commandé de « marcher en sa présence, afin d'être parfait ; » et c'est elle que Jacob, dans un mystérieux sommeil, a vu représentée par cette échelle qui monte de la terre aux cieux. Elle chante ou elle gémit sur la harpe de David, et elle s'enfonce, avec Élie, dans les grottes du Carmel que visitent les anges. Dans la nouvelle alliance, elle illumine les nuits solitaires que le Sauveur passe sur la montagne, *in oratione Dei;* et, devenue « plus prolixe à l'heure de l'agonie, » comme s'exprime l'Évangile, elle baigne de larmes et de sang le jardin des Oliviers. Elle s'enferme dans le Cénacle avec les onze apôtres, les saintes femmes et Marie, attirant sur leurs têtes les flammes de l'Esprit qui va renouveler la face de la terre. Aux catacombes, on la retrouve avec ces *orantes* qu'on y voit représentés les bras étendus en croix et regardant le ciel. Elle transfigure la Thébaïde dont elle fait son heureux empire, et son souffle fait germer en Orient et en Occident cette floraison monastique qui embaume la terre et qui encense le ciel.

Mais c'est particulièrement au xvie siècle que cette force s'organise, si je puis dire ainsi; c'est alors que l'oraison commence à recevoir sa législation et à découvrir ses mystères, en même temps qu'elle trouve son ardent apostolat dans une légion de saints, comme s'il était reconnu que la grande hérésie moderne ne pouvait être vaincue que par la grande prière. A la tête de ce mouvement, vous avez salué Ignace qui, dans son livre des *Exercices*, nous donne le code approfondi et méthodique de l'oraison; mais il vous faut saluer en même temps Thérèse dont les Écrits nous en offrent la plus sublime pratique. Thérèse et Ignace! Ces deux grandes âmes ne se rencontrèrent pas en ce monde; l'une naissait à la vie parfaite quand l'autre consommait la sienne. Mais vous ne serez pas étonnés que l'une se soit mise à l'école des disciples de l'autre, pour apprendre la science supérieure des saints. Et quels disciples que François de Borgia, que Balthasar Alvarez, et d'autres encore ; et quels liens spirituels vont unir désormais le Carmel et la Compagnie de Jésus !

De vous dire, mes Frères, les démarches ascensionnelles de Thérèse dans l'oraison, je ne puis l'entreprendre ; car, hélas ! qui suis-je pour cela ? Mais écoutez Fénelon, qui la suit dans ces voies où se plaît son pieux génie, bien que lui-même y ait marché avec moins de sûreté : « De cette oraison simple où Thérèse était déjà, dit-il, Dieu l'élève jusque dans la plus haute contemplation. Elle entre ensuite dans l'oraison d'union... où elle est toute à Jésus et Jésus tout à elle. Révélations, esprit de prophétie, visions sans image sensible, ravissements, tourments délicieux qui lui font jeter des cris de douleur et de joie, où l'esprit est enivré et où le corps succombe, où Dieu lui-même est si présent que l'âme épuisée et dévorée tombe en défaillance, ne pouvant soutenir de près tant de majesté, en un mot, tous les dons surnaturels découlent sur elle. »

Ah ! sans doute ce sont là des états si élevés qu'à peine notre petitesse est-elle capable de les comprendre ; mais notre foi en a-t-elle moins le devoir de les honorer ? Que la science à courte vue n'y voie que rêveries, et blasphémant ce qu'elle ignore, qu'elle nie la réalité de ce monde surnaturel qu'elle ne saurait atteindre, firmament supérieur dont les astres dépassent la portée de son regard. Quant à nous, nous révérerons ces profondeurs célestes qui, plus que tout le reste, racontent la gloire de Dieu ; et pareils aux Hébreux, nous adorerons éblouis au pied de cette montagne où Thérèse, comme Moïse, converse face à face avec le Tout-Puissant. Mais surtout nous l'écouterons lorsqu'elle en descendra, portant entre ses mains le commandement du Seigneur. Or

voici ce qu'elle est chargée de dire à tout le peuple : c'est
que tous nous devons méditer et prier ; c'est qu'à tous et
à toutes l'oraison est nécessaire, nécessaire dans le siècle
non moins que dans le cloître. C'est qu'à tous et à toutes
l'oraison est facile ; car, selon sa définition, « qu'est-ce
que l'oraison, sinon le commerce d'amitié d'une âme qui
dit son amour à Celui duquel elle se sent aimée ? » Or
qui ne sait aimer et parler de ce qu'il aime, ne fût-ce
qu'un quart d'heure par jour ? C'est enfin que pour tous
l'oraison est la grande source de la grâce. Là se trouve la
lumière : Thérèse nous confie que l'oraison lui en a plus
appris sur Dieu, dans le temps que dure un *Credo* ou
un *Ave Maria,* que ne l'eussent fait tous les livres ; et un
jour elle y reçoit du mystère de la Trinité une perception
— j'allais dire une intuition — qui la laisse, dit-elle,
« surprise et consolée des merveilles divines. » Là se
trouve l'amour ; et c'est là que Thérèse entre dans cette
possession mutuelle de l'âme et de Dieu dont l'Époux
lui a dit : « Tu es mienne et je suis tien pour l'éternité ! »
Là se trouve la force : force d'agir et de souffrir ; car
« si l'amour, dit Thérèse, s'abandonne à Jésus-Christ,
c'est pour le suivre au Calvaire et l'aider à porter sa
croix, sans jamais le laisser seul sous ce pesant fardeau. »
Là enfin se trouve la joie. Thérèse en a l'expérience :
« Une seule de ces heures, dit-elle, où le Seigneur m'a
fait goûter sa délectable douceur m'a surabondamment
payée de toutes mes peines et dépasse tous les bonheurs
dont on peut jouir ici-bas. » Si donc c'est par l'oraison
que nous viennent tous les biens : « A l'oraison ! à
l'oraison ! » vous crierai-je avec Thérèse, car quel est
celui d'entre vous, mes Frères, qui, soucieux de son
salut, ne souhaiterait de prendre en main cette clef d'or
qui lui ouvrira sûrement le royaume des cieux ?

Cependant une heure terrible est venue pour Thérèse, une heure inévitable, celle de la contradiction, et de la contradiction la plus cruelle de toutes : la contradiction des gens de bien. A peine a-t-on connu au dedans et au dehors les communications dont elle est favorisée que le rire, la colère, la pitié, la défiance mêlent leurs éclats autour d'elle. Passe encore qu'elle soit méconnue par la foule ignorante, mais les sages eux-mêmes sont troublés et agités. Bientôt aux yeux de tous la Sainte d'hier n'est plus aujourd'hui qu'une visionnaire, ses illuminations ne sont plus que des illusions de l'esprit de mensonge : *Dæmonium habes*, lui dit-on comme à Jésus, et déjà les docteurs parlent de l'exorciser. Quelle angoisse, mes Frères, quelle perplexité ! « Ceux qui me condamnaient, rapporte-t-elle, étaient des hommes de piété, de science, grands serviteurs de Dieu : il me semblait que je devais m'efforcer de les croire. » Que ne fait-elle pas pour cela ? Elle prie et fait prier son Dieu pour qu'il la conduise, s'il lui plait, par d'autres voies. Elle essaie même de le repousser quand il se présente à elle ; mais c'est pour aussitôt tomber encore à ses pieds pleurante et transportée. Dieu redouble de faveurs, et son Esprit la soulève « comme un géant enlève une paille, » c'est son expression. Mais en même temps les hommes redoublent de rigueurs. Il n'y a pas jusqu'à ses guides qui, pour la mettre à l'épreuve, semblent aussi douter d'elle et se tourner contre elle. Le P. Alvarez lui-même croit bien faire de lui retrancher ses heures de solitude, qui sont les heures bénies de la visite divine ; et une fois il lui inflige le supplice de la laisser vingt jours sans communier : « Non, jamais je n'ai été si malheureuse, écrit-elle. J'avais plus de honte de déclarer mes révélations que je n'en aurais eu de confesser les plus grands péchés. J'étais comme dans une rivière prête à me noyer, sans espérance de secours. »

Le secours lui vint des saints auxquels elle se soumit. Il y a en effet, mes Sœurs, une pierre de touche infaillible pour reconnaître la provenance et la nature de ces dons dans ceux qui les reçoivent : l'humble soumission à l'Église. « Je puis me tromper, dit Thérèse, sur la vérité de mes révélations, mais je ne me tromperai pas en obéissant à mes supérieurs. » Voilà la règle. Le reste regarde Jésus-Christ ; or Jésus-Christ lui a dit : « Tu fais bien d'obéir, moi je me charge de faire connaître pour toi la vérité. » Il lui a dit encore : « Ne crains rien ; c'est moi, et je ne t'abandonnerai pas. » Et un jour qu'on l'avait privée de ses livres de lecture : « Ne t'afflige pas, je te donnerai moi-même un livre vivant. » Qu'est-ce à dire, et quelle est l'ineffable et rare consolation qu'il lui réserve ? Attendez : comme les hommes lui ont transpercé l'âme d'un glaive de douleur, Jésus lui percera l'âme d'un glaive d'amour ; et, comme François d'Assise, elle portera, elle aussi, les stigmates du Crucifié, mais ce sera dans le cœur. Cela se passait à l'époque de sa terrible épreuve ; un jour qu'elle priait, elle voit un séraphin qui lui plonge et replonge dans le cœur un dard de feu qu'il retirait ensuite, la laissant tout embrasée d'amour comme une fournaise. Des flammes en jaillirent aussitôt ardentes, éblouissantes ; car comment appeler d'autre sorte ce cantique d'une si brûlante inspiration, qui chante sa blessure et qui demande à Dieu de n'en guérir jamais ?

Mais le dernier mot de l'amour est-ce l'oraison sublime, est-ce même l'humble immolation ? Non, mes Frères, c'est la vertu portée à la perfection. Vous-mêmes, vous ne l'entendez pas autrement, Messieurs, et quand on vous vante ces âmes admirables dont on dit que la conversation est dans le ciel, vous demandez, comme première preuve, qu'elles en redescendent d'autant meilleures sur la terre. C'est bien de la sorte aussi que l'entend le Seigneur, qui dit à son épouse : « Ma fille, comprend-le bien : le mérite ne consiste pas à goûter les joies de l'oraison, mais à faire ma volonté. » Thérèse se l'est déjà dit : « Je ne voudrais faire d'oraison que celle qui me ferait croître en vertu. » Ainsi l'âme placée le plus haut dans l'oraison sera celle qui tendra au plus parfait dans l'action : « Soyez parfaits comme votre Père céleste est parfait, » dit le Seigneur. C'est l'idéal pour le chrétien ; mais pour Thérèse, c'est une loi. Elle en a juré un jour l'accomplissement entre les mains du supérieur de son Ordre, et le vœu héroïque « de faire en toutes choses ce qu'il y a de plus agréable à Dieu » enchaîne sa vie entière à l'obligation de ne plus descendre, une minute, de ces cimes qu'on ne croyait jusqu'ici habitables qu'aux anges et aux bienheureux impeccables dans le ciel.

Mais est-ce que je ne vous effraie pas par cette élévation ; et n'y-a-t-il pas là de quoi épouvanter notre pauvre nature ! Car enfin, me dites-vous, qu'y a-t-il à imiter dans cette femme surhumaine, et qui de nous abordera une perfection si haute ? Ne craignez pas, mes Frères, approchez et regardez de près ; Thérèse ne vous présentera que la face la plus souriante du royaume de Dieu, parce que c'est la face attractive de l'amour ; et soit qu'elle converse avec Dieu ou avec les hommes, il n'y a pas de vertu plus simple, plus accessible et plus aimable que la sienne.

D'abord, loin de s'exalter de ses faveurs célestes, elle n'en est que plus petite entre les mains de Dieu :

« L'âme, eût-elle la taille d'un géant, écrivait-elle, il
faut qu'elle redevienne encore un petit enfant. » C'est
bien comme un enfant qu'elle converse avec Dieu libre-
ment et familièrement. « Je vois bien, disait-elle, que,
tout Seigneur qu'il est, je peux traiter avec lui comme
avec un ami. » Point de raideur dans sa piété expansive,
confiante, comme il convient à la piété filiale ; et elle ne
peut se tenir de rire doucement de « ces pauvres gens
qui, dit-elle, dès qu'ils ont un peu de dévotion, prennent
un air tout renfrogné et n'osent plus parler ni respirer,
de peur que leur dévotion ne s'en aille. » De là cette vive
parole qu'elle écrit et redit : « Des dévotions niaises,
délivrez-nous, Seigneur ! » Loin d'elle aussi la piété
qui tient comme au-dessous d'elle les humbles soins de
la vie et de la profession : « J'admire Marie-Madeleine
aux pieds du Seigneur, à Bethanie ; mais si Marthe ne
s'était employée à la maison, qui aurait préparé le repas
de Jésus ? » Et à son frère qui se plaignait du souci des
affaires : « Est-ce qu'Abraham, qui marchait en présence
de Dieu, négligeait pour cela le soin de ses troupeaux ? »
Elle-même possède le secret de trouver Jésus partout,
« même au milieu des plats et des marmites, disait-elle,
m'aidant à l'intérieur et à l'extérieur. » Ce secret c'est
de mettre en toute chose beaucoup d'amour : « Le peu
que nous faisons, faisons-le de grand cœur, » telle était
sa maxime. « Être bien avec le Seigneur, » tel était tout
son souhait pour sa chère famille. Puis grandement et
largement : « Croyez bien, disait-elle, que Dieu ne
s'arrête pas à une foule de petites choses. Ayez une intention droite, une ferme volonté de ne pas l'offenser, et
ne craignez pas avec cela de vous donner une sainte
liberté d'esprit et de cœur. » C'était sa pratique à elle :
« Dieu me fait la grâce de me garder l'âme joyeuse,

disait-elle. C'est une si grande chose que d'avoir la conscience libre et le cœur en paix ! »

Voilà comme elle aime Dieu, ardemment mais simplement, j'allais dire bonnement ; et voici comment elle aime aussi ce que Dieu lui permet ou lui commande d'aimer, sa famille, ses filles, ses amis, son pays, franchement et cordialement, de toute son âme, de tout son esprit et de toutes ses forces. Les enfants s'attachent à elle comme à une apparition du monde de l'innocence. Il en est que sa prière a rendus à la vie ; et quand d'autres s'en retournent vers Dieu qui les sauve de la terre, Thérèse montre aux mères en deuil « la multitude d'anges qui viennent recueillir l'âme de l'un de ces petits enfants qui leur ressemblent. » Elle est une sœur pour les malades, les infirmes, les malheureux auprès desquels elle oublie même de se nourrir, répondant « que sa meilleure nourriture est de soulager une âme affligée. » Elle sourit à toutes les créatures de Dieu ; elle se donne mille soins pour le bonheur des autres ; et quand on lui allègue tout ce qu'il lui en coûte de temps et de labeur : « Tout cela, répond-t-elle, c'est de l'amour encore. » Elle a beau toujours souffrir, elle est toujours souriante. C'est sa règle comme son exemple, et elle veut que ses filles paient de leur esprit dans la conversation, afin que la vertu en ait plus de charmes. « Ah ! mon Dieu ! que deviendrait notre petite maison, si chacune de nous s'appliquait à enfouir le peu d'esprit qu'elle a ? » Combien de paroles d'elle, vives, spirituelles, gracieuses, rappellent les meilleurs traits de saint François de Sales ! Je ne m'étonne donc pas qu'une religieuse écrive après une de ses visites : « Dieu soit béni de nous avoir fait connaître une telle sainte ! Chacune de nous peut l'imiter. Elle mange, elle dort, elle parle, elle agit comme tout le monde, et

pourtant c'est une sainte ; son esprit est bien celui du
Sauveur, humble, simple, sincère. Elle vit parmi nous
comme lui-même a vécu parmi les hommes, sans effrayer
personne et en consolant tous les cœurs. » Saint Augustin
a écrit quelque part que l'amour chante et traverse la vie
en chantant (1). Thérèse chante aussi ; elle est poète par
le naturel jaillissement de l'amour ; elle demande à ses
filles des cantiques qui la font tomber en extase ; et, selon
la parole de saint Vincent de Paul, « la charité qui fera
la béatitude de l'autre vie commence déjà à faire le
bonheur de cette vie, » au Carmel.

Mais avançons, mes Frères. Lorsque je vois Thérèse
commencer par se dégager du monde et d'elle-même,
comme nous l'avons considéré d'abord, puis se remplir
de la vie divine, comme nous venons de le voir, je me
représente ces hauts lacs situés sur les montagnes, dont
le lit, débarrassé de scories et de laves, se remplit des
eaux du ciel dont il reflète la face. Maintenant, il faut la
voir répandre ces flots de sainteté et de charité sur le
cloître et sur le siècle, et y porter la pureté, la fertilité
et la vie. C'est la mission et l'apostolat de Thérèse.

III

Et d'abord, mes Frères, permettez-moi de vous rappeler la vraie doctrine catholique sur ce qu'on appellerait
aujourd'hui le rôle public et la mission sociale des ordres
contemplatifs. Ils ont d'abord sans doute une mission

(1) *Ambulate in viâ, filii pacis. Cantate ambulantes, faciunt hoc viatores
ad solamen laboris. Cantate in hâc viâ canticum novum, cantate amatoria
patriæ vestræ....* (S. Aug. *in Psalm. LXVI, 6.*)

d'exemple ; car si vous estimez qu'il n'est pas inutile à la victoire de ses frères ce soldat qui, dans la mêlée, tient haut et immobile le drapeau de la patrie, regarderez-vous comme inutile, dans l'ordre spirituel, le rôle de ces âmes de choix qui, le regard fixé constamment en haut, tandis que tant d'autres regards s'abaissent du côté de la terre, rappellent sans cesse par le signe vivant de leur sainteté quel est le but final vers lequel doit tendre notre course, et par quelle route lumineuse doit y remonter notre vol, âmes ailées que nous sommes, dès que nous avons recueilli dans les sillons d'ici-bas notre grain de chaque jour ? Mais ce qu'il faut que vous sachiez, en outre, mes chers Frères, c'est que ces filles de Dieu ont aussi auprès de Dieu une mission de prière. Cette mission est grande, et, dans les victoires de l'Église pour la conquête des âmes, ceux qui méritent le mieux de l'œuvre du salut ce ne sont pas ceux qui parlent, ni même ceux qui combattent ; ce sont surtout ceux qui prient. Thérèse explique quelque part que les eaux les plus bienfaisantes ne sont pas celles qu'on détourne des ruisseaux de la terre pour arroser les campagnes, mais celles qui, étant montées en tièdes vapeurs de la terre dans les airs, en descendent ensuite en pluies ou en rosées chargées de germes mystérieux sur les travaux de l'homme. Eh bien, mes Frères, voilà l'œuvre de ces âmes à part qui, comme des sources ignorées se consument aux rayons du divin soleil, et dont l'ardente charité fait monter sans cesse vers le ciel ces larmes qui retombent ensuite en grâces abondantes sur nous et nos travaux. Ces âmes-là sont, elles aussi, des ouvrières puissantes de notre rédemption. Ainsi, tandis que d'autres vont à Dieu, en passant par le prochain qu'elles assistent ; celles-là vont au prochain en passant par le cœur de

Dieu qu'elles implorent ; et nous ne saurons que dans le ciel combien ont contribué à la victoire du peuple saint ceux qui ont tenu leurs bras élévés sur la montagne, tandis que d'autres combattaient vaillamment dans la plaine.

Dans ces vues surnaturelles de la gloire de Dieu et du salut des âmes, la première entreprise de l'apostolat de Thérèse fut une œuvre de réformation. Tandis que le protestantisme brisait la porte des cloîtres, le relâchement s'était introduit au dedans, et il n'y avait pas jusqu'au Carmel qui, délaissant l'austérité de sa primitive observance, avait cherché les douceurs d'une mitigation que l'oubli de la clôture, de la pauvreté, du silence élargissait chaque jour. C'était le sel de la terre qui s'affadissait, mes Frères ; c'était le sacrifice de l'amour qui s'éteignait ou languissait sur les autels consacrés, et qui ne faisait plus monter vers le ciel les parfums réparateurs qui réjouissent le cœur de Dieu et qui sauvent le monde. « Que deviendrait le monde s'il n'y avait pas de religieux ? » avait dit le Seigneur à son épouse. Le Concile de Trente n'avait pas craint d'inscrire en tête d'un de ses décrets : *De Reformatione.* Thérèse, elle aussi, s'inspirant de l'esprit de l'Église de son temps, projeta la réforme de son ordre. Ce n'était pas cependant un ordre déchu, loin de là ; mais il suffisait que ce fût un ordre relâché, et son cœur en souffrait pour Celui qu'elle voulait voir aimé parfaitement. Elle se dit donc : « Puisqu'aujourd'hui Notre-Seigneur a tant d'ennemis et si peu d'amis, du moins faut-il que ses amis soient très bons. » C'est à les rendre très bons qu'elle va se consumer avec l'aide de Dieu ; sa réforme opposera le témoignage de l'amour à celui de la haine, et Dieu sera apaisé. Voilà sa grande conception ; et qui dira si, en effet, Thérèse de Jésus et ses essaims séraphiques n'ont pas fait contre-poids à Luther, à Calvin et à leurs milliérs d'adeptes, dans la balance divine, pour retenir l'Europe entraînée par eux sur le penchant des abîmes de la vengeance céleste ?

Mais on le sait, mes Frères, il est plus difficile de réformer que de créer, comme la sainte liturgie nous l'apprend de notre humanité : *mirabiliter condidisti et mirabilius reformasti*. Aussi Thérèse, l'humble Thérèse, frissonne-t-elle à la seule pensée d'une telle entreprise : « Ah ! mon divin Maître, pourquoi me demander des choses qui semblent impossibles ? Mais je ne suis qu'une femme ! Et encore si j'étais libre ?... » Ailleurs, elle s'appelle « un faible roseau, une pauvre fille chargée de patentes et de bons désirs, mais n'ayant pas un maravédis, et sans autre appui que le Seigneur. » Cependant Notre-Seigneur lui a ordonné un jour, au moment de sa communion, de travailler à « fonder un monastère réformé où il serait bien servi, l'assurant que cette petite étoile jeterait une grande clarté. » — « L'obéissance donne des ailes, » avait-elle coutume de dire. La Réforme sera donc d'abord une œuvre d'obéissance. Dieu le veut ! et Thérèse commence sa nouvelle croisade.

Mais voilà l'orage qui éclate : c'est un déchaînement général parmi le peuple, les magistrats, les ecclésiastiques. « Une apparition des Maures n'eût pas jeté plus d'épouvante, » raconte Thérèse spirituellement. Une *junte* est assemblée, comme s'il s'agissait du salut de l'Espagne. L'affaire est portée de là au conseil du roi. Mais Thérèse l'a remise aux mains d'une plus haute et plus puissante Majesté. Lisez, mes Frères, ces lignes qu'elle a écrites de sa main et qu'elle porte sur le signet de son livre de prières : « Que rien ne te trouble,

que rien ne t'épouvante ; tout passe, Dieu ne change
point. Qui possède Dieu, rien ne lui manque, Dieu lui
suffit. » Et puis Jésus lui a dit : « Prends soin de mes
intérêts, je prendrai soin des tiens ; ne sais-tu pas, ma
fille, que je suis le Tout-Puissant ? » Un autre jour,
Notre-Dame lui a pris amicalement les mains dans les
siennes, en signe d'alliance avec elle et avec Joseph son
époux : la Réforme sera donc secondement une œuvre
de confiance.

Elle ne fut pas trompée ; Joseph, qu'elle nomme « son
bon Père, » lui procure une pauvre maison qui portera
son nom et qui sera le Bethléem de cette sainte famille.
Rome parle et lui envoie le Bref qui autorise la fondation réformée. Puis le ciel même se déclare, les miracles
de Providence répondent aux prodiges de confiance. Des
recrues virginales arrivent à la Réforme. C'est l'avant-
garde de cette armée à laquelle Thérèse donnera ce mot
d'ordre : « Agissez en hommes de cœur, et non comme
de petites femmes ! » Elle les a prévenues que « leur
vie devrait être un martyre. » C'est le martyre de la pauvreté qu'elle appelle « son blason, » le martyre de la
faim, de la persécution. Mais quand on manque de
tout, on prie ; quand le dîner fait défaut, Thérèse le
remplace par une exhortation qui alimente les âmes, et
une procession d'action de grâces s'improvise du réfec-
toire à la chapelle, au chant de beaux cantiques. Un
jour, Thérèse écrira dans ses constitutions : « Il ne peut
y avoir rien de réglé pour l'heure du dîner, parce que
c'est quand il y en aura. » Finalement l'obéissance, la
confiance, la patience ont eu raison comme toujours ;
et Notre-Seigneur appelle le couvent de Saint-Joseph
son « jardin de délices. »

C'est ainsi que vont se fonder les couvents réformés

de Tolède, de Pastrana, de Salamanque, d'Albe, de Séville, de Palencia, de Burgos, et tant d'autres : « La voyez-vous qui s'en va, de ville en ville, traînée dans de rudes chariots, presque toujours accablée de maladies, dans la rigueur des saisons, et parmi mille périls, ne trouvant, après tant de peines, qu'un peu de paille sur la terre nue pour y passer la nuit ! » Mais partout la même confiance. On connaît sa célèbre parole : « Thérèse et trois ducats, ce n'est rien ; mais Dieu, Thérèse et trois ducats, c'est tout. » Et avec ces trois ducats elle fait la fondation de Tolède. Partout la même allégresse au sein des persécutions : « Si les créatures me paient de la sorte, disait-elle, c'est que mon Créateur est bien content de moi. » Les hommes admirent cette force surhumaine dans une femme : « On m'avait dit que c'était une femme, répétait un contemporain ; c'est un homme et des plus hommes que j'aie connus. » En effet, voici qu'après la Réforme des Carmélites, elle entreprend celle des Carmes au prix des mêmes travaux : « Je les vois, dit encore Fénelon, les Antoine de Jésus, les Jean de la Croix, je les vois devenir enfants aux pieds de Thérèse leur mère. C'est elle qui les conduit comme par la main pour la Réforme de leur ordre, et ils recueillent docilement les paroles de sagesse qui découlent de sa bouche. » Finalement, trente couvents du Carmel, seize pour les femmes et quatorze pour les hommes, adoptent la Réforme et couvrent l'Espagne, en attendant la France et l'Italie. Thérèse, avant de mourir, pouvait déjà pressentir le prochain accomplissement de la prédiction que lui avait faite un jour saint Louis Bertrand : « Mère Thérèse, dans cinquante ans votre ordre sera un des plus illustres de l'Église. »

Mais voyons se dilater le champ de son apostolat.

Sortons du cloître, mes Frères; et pour mieux comprendre encore le but de sa Réforme, voyons Thérèse embrasser l'Église universelle dans le sein de sa prière. Car enfin penseriez-vous que Dieu l'a élevée si haut pour elle seule, et que cette Esther, devenue l'épouse du grand Roi et admise près de lui, va oublier son peuple ?

Au contraire, c'est pour obtenir le salut de son peuple qu'elle et ses filles se sont ainsi parées de sainteté, afin d'être agréables aux regards du Seigneur. Car il faut le désarmer, et Thérèse a conçu tout un plan de campagne où le Carmel entrera pour sa part d'action. Elle s'est dit — c'est sa parole — « qu'il faut une armée d'élite à l'Église de Dieu, une armée prête à mourir ; mais à se laisser vaincre, jamais ! » L'armée d'élite s'est levée. Le rôle, j'allais dire la consigne du Carmel, sera de la soutenir par une prière incessante, une prière pénitente, une prière sanglante du jour et de la nuit : « Quoi ! le monde est en feu, l'entendait-on s'écrier ; les malheureux hérétiques voudraient, pour ainsi dire, condamner Notre-Seigneur une seconde fois et renverser son Église : et nous perdrions notre temps ! » Elle déclare donc à ses filles que le salut des hommes est un but principal de leur fondation, « qu'à ce but elles doivent rapporter leurs désirs, leurs pénitences, leurs jeûnes, et que le jour où elles cesseraient de consacrer leurs œuvres à cette intention, elles ne rempliraient plus la fin de leur institut. » Elle y revient encore : « C'est pour cette fin que Notre-Seigneur vous a réunies ici ; c'est là votre vocation, ce sont là vos affaires, là doivent tendre vos désirs, pour cela doivent monter vos prières et couler vos larmes. » Et alors, les animant à ce combat sacré : « O mes sœurs en Jésus-Christ, aidez-moi donc à prier pour tant de pécheurs qui se perdent. Assistons de cette manière les serviteurs du Roi et les défenseurs de son Église. Si nous pouvons par nos prières contribuer à leur victoire, nous aurons aussi, du fond de notre solitude, combattu pour la cause divine. »

Quant à elle, vous pensez bien qu'elle ne s'y épargne pas, et elle n'est placée si près du cœur de Jésus-Christ que pour être médiatrice auprès du Médiateur, comme on l'a dit de Marie. Aussi bien elle a reçu du Tout-Puissant cette assurance : « Je te promets, ma fille, d'exaucer toutes tes prières, car je sais bien que tu ne demanderas rien que pour ma gloire. » Et que va-t-elle demander ? Ah ! peut-elle hésiter depuis que Jésus-Christ lui a donné la vue de ce qui attend, dans l'autre monde, les élus et les réprouvés. Un jour, il lui a dit, en lui montrant le séjour de la béatitude : « Vois, ma fille, vois ce que perdent ceux qui sont contre moi; ne manque pas de le leur faire savoir. » Elle n'y manque pas, en effet; et on l'entend qui répète : « Ah ! si les pauvres pécheurs voyaient ce que je vois, voudraient-ils perdre la splendeur que le péché leur ravit ? » Une autre fois, c'est l'enfer qui s'est ouvert sous ses yeux : « Je me tenais aux pieds de Notre-Seigneur, écrit-elle ; j'y répandais mes larmes, en le suppliant de conjurer de pareils maux. J'aurais donné mille vies pour sauver une de ces âmes damnées. » En attendant elle déclare « qu'après un tel spectacle, elle ne comprend plus qu'on puisse prendre un seul instant de repos ! » Que dis-je ? il n'y a pas jusqu'à Satan qui ne la touche de compassion, et vous connaissez ce cri qui ne pouvait partir que d'un cœur comme le sien : « Le malheureux! il n'aimera jamais ! » Comme saint Paul, elle voudrait se faire anathème pour ses frères, et elle se dévouerait sans regret au purgatoire, pourvu que Dieu soit aimé et les âmes sauvées : « Et que m'importe à moi de rester jusqu'au jour du jugement en purgatoire, si, par mes prières, je sauve une seule âme ou si je procure à mon Dieu une plus grande gloire ? »

En vue de cette plus grande gloire, il n'y a pas dans le monde un seul intérêt de l'Église où sa prière n'apporte le secours de sa toute puissante négociation. Sa prière est à Rome avec les souverains Pontifes Pie IV, Pie V, Grégoire XIII, qu'elle soutient dans le saint combat de la grande Réforme ecclésiastique ; elle est dans les grandes Indes avec les missionnaires qui les conquièrent à la croix ; elle est à la cour d'Espagne auprès du roi Philippe II, qui protège son œuvre et qui lit avec respect les lettres de la fille de Dieu ; elle est avec les évêques et les théologiens, et saint François de Sales atteste que Thérèse, en priant, a converti plus d'hérétiques que les prédicateurs en parlant. Elle est avec chacun de ces ordres religieux, Carmes, Jésuites, Dominicains, Franciscains, qui sont cette armée d'élite qu'elle a demandée à Dieu, et dont les Jean de la Croix, les François de Borgia, les Pierre d'Alcantara, les Louis Bertrand composent, à cette époque, le brillant état-major sur cette terre d'Espagne.

Mais que dis-je : l'Espagne? la prière de Thérèse ne connaît pas de Pyrénées. Je ne puis la suivre partout; mais puis-je omettre de rappeler que la Sainte a prié et a pleuré pour nous? C'est de nous, c'est de la triste France des guerres de religion, qu'elle écrivait alors : « J'apprends les dommages que lui causent les luthériens, ses malheurs ne cessent de croître : j'en suis navrée. Comme si j'étais ou si je pouvais quelque chose, je pleure avec le Seigneur, en le priant de remédier à un si grand mal. » Oh ! oui, Thérèse, vous pouviez quelque chose pour notre nation malheureuse, et vous le pouvez encore. Vous ne pouvez plus pleurer, mais priez encore pour nous. Le mal dont nous souffrons n'est pas moins grand qu'alors. Nous attendons la même assistance de vous et de vos filles; et, pour moi lorsque, plongeant mon regard effrayé dans le sombre horizon de notre ciel chargé de tempêtes, je cherche du moins quelque point lumineux et pur qui me redonne de l'espoir, je n'en trouve que deux : la prière des vierges et celle des petits, les Carmélites et les enfants.

Enfin je n'aurais pas dit tout l'apostolat de Thérèse si je n'avais mentionné ses immortels écrits dont le rayonnement a dépassé son pays et son siècle. Mais sont-ils uniquement d'elle, et sont-ils éclos aux seuls rayons de son génie, ces livres admirables dont la composition lui fut imposée par l'obéissance, et que l'humble religieuse se défendait d'écrire, « parce que, disait-elle, cela l'empêchait de filer ? » Ne sont-ils pas plutôt descendues du ciel ces pages inspirées dont elle-même disait : « Si vous y trouvez, mes Sœurs, quelque chose de bon, c'est Notre-Seigneur qui l'a mis pour votre bien. Quant à ce qu'il y a de défectueux, cela vient de moi. » L'Église elle-même, au procès de sa canonisation, n'a-t-elle pas déclaré qu'une femme n'avait pu écrire de telles choses qu'avec l'assistance d'en haut ? La sainte liturgie a donc bien raison, lorsque, dans l'office de sa fête, elle nous fait demander la grâce « de nous nourrir de l'aliment de sa doctrine toute céleste ; » comme si un esprit du ciel l'avait apporté aux hommes.

Quel festin spirituel ! Vous le savez si jamais vous vous y êtes assis, et si vous avez lu la *Vie* de Thérèse par elle-même, *le Chemin de la perfection, le Château de l'âme, le Livre des fondations,* les *Avis spirituels,* les *Exclamations !* Ce sont là de ces hauteurs desquelles on pourrait

dire avec l'*Imitation* que « l'air y est plus pur, le ciel plus
à découvert et Dieu plus familier. » Les âmes intérieures
y trouvent une manne cachée, et les plus hauts génies,
comme Bossuet et Fénelon, y prennent des leçons dans
la science des saints ; car, en matière de mysticisme,
Thérèse est la grande maîtresse, et c'est elle que l'on cite,
comme en théologie on cite saint Thomas d'Aquin. Et
puis quel écrivain ! quelle analyse de l'âme et quelle
manière de la déployer sous les yeux ! Je ne m'étonne
pas que les compatriotes de Thérèse l'aient nommée leur
docteur. Que si l'Église ne lui en a pas conféré le titre,
elle lui en a décerné plus d'une fois les honneurs ; et
quand vous irez à Rome, à l'entrée de la basilique vati-
cane où trônent dans le marbre les Pères, les docteurs et
les fondateurs d'ordres religieux, vous verrez s'élever une
seule statue de femme, avec cette inscription : *Mater
spiritualium*. C'est la statue de Thérèse, mère de la spi-
ritualité, maîtresse des âmes mystiques. Après le titre de
Mère de Dieu, on n'en saurait trouver un plus haut en
ce monde.

Cependant l'heure approchait pour la mère Thérèse de
s'unir à son Époux dans les noces éternelles : « Le reste
n'était que fiançailles, » comme elle s'exprimait. Son
âme, « entrée de plus en plus dans la paix et dans le
silence du Seigneur, » était dégoûtée de la terre, et elle
aimait à redire : « Les choses qui passent ne me laissent
ni plaisir, ni peine ; c'est un songe. » Elle allait se ré-
veiller de ce songe.

On remarquait que l'amour avait produit en elle la
consommation de toutes les vertus. Consommation
d'humilité, mais d'humilité aimable. Elle sourit lorsque
autour d'elle on l'acclame comme une sainte : « Mon
fils, répond-elle au religieux qui lui apporte cet écho de

toute l'Espagne, mon fils, quand j'étais jeune, on m'a dit que j'étais belle, et je l'ai cru ; plus tard, on m'a trouvé de la prudence, et je l'ai cru encore trop facilement : aussi me suis-je confessé de ces deux vanités-là. Quant à ce qu'on ajoute aujourd'hui, je vous assure que je ne me suis jamais fait assez d'illusion pour être tentée de le croire. » Ce qu'elle croyait seulement, c'est qu'elle n'était plus que « la pauvre vieille, dont toute l'action se réduisait au bruit que faisait le nom de Thérèse de Jésus. » Consommation d'amour, d'amour pur qui ne veut que Dieu pour Dieu, et d'amour jaloux qui ne peut accepter qu'aucun amour le surpasse : « Je ne suis qu'imperfection, disait-elle, excepté en ce qui concerne le désir d'aimer Dieu. » Et ailleurs : « Seigneur, qu'il y en ait d'autres qui vous servent mieux que moi et à qui vous donniez plus d'amour au ciel, je le veux bien. Mais qu'il y en ait qui vous aiment davantage, je ne sais si je pourrais le souffrir. » Amour ardent, impétueux qui « sent son cœur éclater » après la communion, et que rien ne peut arrêter devant la Table sainte : « Si l'on dressait des lances devant moi, disait-elle, je passerais outre. » Consommation de souffrance : elle est brisée dans son âme. Elle compare son martyre à celui de Notre-Dame des Douleurs : « Je sais bien aujourd'hui ce que c'est qu'un transpercement. » Mais la plus grande de ses souffrances est le mal de l'exil, le mal de l'absence de Dieu. « O vie, s'écrie-t-elle, vie ennemie de mon bonheur, que ne m'est-il permis de te quitter ! Je te souffre parce que Dieu te souffre, j'ai soin de toi parce que tu es à lui, mais ne sois point ingrate et ne me trahis point ! » Il y a quarante ans qu'elle pousse ce cri devenu sa devise : « Ou souffrir ou mourir ! » Chaque heure qu'elle a entendue sonner depuis lors l'a réjouie de la pensée qu'elle était d'une heure plus près de la vision de Jésus. Et maintenant on l'entend qui chante dans son Cantique : « Je vis sans vivre en moi. O mon Dieu, je me meurs de ne pouvoir mourir ! » Il faut entendre Bossuet quand il représente cette âme qui, « charmée des beautés immortelles de son Dieu, pense à se jeter à Lui; mais qui se sent retenue dès qu'elle va partir, et que ce continuel et douloureux mouvement rend plus libre et plus dégagée, comme un oiseau, dit-il, qui, battant des ailes, secoue l'humidité qui les rend pesantes, ou dissipe le froid qui les engourdit, » jusqu'à ce qu'il lui soit donné de s'envoler vers le ciel.

Ce moment arriva enfin, et, selon la leçon de l'office de sa fête, l'amour qui l'avait fait vivre la fit aussi mourir. Comme Marie, elle expira consumée par ce feu qu'elle ne pouvait plus contenir : *intolerabili divini amoris incendio.*

Ce fut un grand spectacle que celui qui, le 3 octobre 1582, s'offrit aux anges et aux hommes lorsque Thérèse, arrivant épuisée au monastère d'Albe qu'elle avait fondé, déclara que l'heure de sa mort était venue. Lorsque le divin Viatique qu'elle avait demandé apparut devant elle, elle étendit ses bras vers lui, s'agenouilla sur son pauvre lit, et, le visage transfiguré, le regard enflammé : « O mon Seigneur Jésus, ô mon Époux bien-aimé, voilà donc l'heure désirée ! Il est bien temps de nous voir, il est bien temps que je parte. O la bonne heure que celle-là ! Que votre volonté s'accomplisse ! que mon âme s'en aille, et qu'elle s'unisse à vous ! Elle vous a tant attendu ! » Ayant communié avec une grande ardeur, elle prit son crucifix qu'elle ne quitta plus, le tenant entre ses mains, comme on représente sainte Madeleine mourante. On ne l'entendait plus pousser au dehors ses véhéments désirs, seulement on recueillait sur ses lèvres ces paroles suppliantes du psaume : « O Dieu, ne repoussez pas un cœur brisé et humilié ! » De ce cœur un nom sortit pour la dernière fois en ce monde : c'était le nom de Jésus. Elle poussa trois soupirs, et elle alla rejoindre Jésus dans l'éternité.

Ainsi devait-elle finir. C'était l'ascension suprême de ce cœur dont les ascensions viennent de vous être montrées. Elle avait gravi le Carmel, qu'elle avait fait refleurir avec Jésus aimé. Elle avait gravi le Calvaire avec Jésus crucifié. Elle avait connu le Thabor avec Jésus transfiguré. Elle venait de trouver le mont des Oliviers avec Jésus ressuscité, qui lui ouvrait sa gloire.

J'ai terminé, mes Frères, et maintenant je vous demanderai : Après avoir été les témoins des saintes ascensions de Thérèse, n'avez-vous pas le besoin de commencer les vôtres ? Est-ce que vous demeurerez perpétuellement en bas ? Est-ce que le monde est capable de vous satisfaire ? Est-ce que vous trouvez dans toute cette caducité un digne objet d'amour pour votre âme immortelle ? Est-ce que vous ne voulez pas, parmi tant d'amis qui passent, aimer de cœur et d'action l'Ami qui seul ne passe point, et faire de lui, comme Thérèse, la vie de votre vie ?

Mais ce n'est pas assez de se consumer en désirs ; il est temps de se mettre en marche et d'aller puiser la vie surnaturelle à ce courant dont l'oraison est la source et dont la soif est le besoin de toute âme chrétienne : *Et qui sitit veniat !* Saint Jean nous avertit qu'il suffit de vouloir : *Et qui vult veniat !* Venez donc, et, chaque jour, dans ce pieux exercice, abreuvez-vous à longs traits de cette eau spirituelle, de cette vie de la grâce : *Et accipiat aquam vitæ gratis.*

Et vous, mes chères Sœurs, du fond de vos solitudes, continuez, comme Thérèse et avec Thérèse, à nous montrer ces voies. Soutenez, par vos oraisons et vos sacrifices, le grand travail et le combat de l'Église en ce siècle. Mais, entre toutes les âmes qu'embrasse votre prière, n'y en a-t-il pas que Dieu semble avoir placées spécialement près d'ici, comme pour les abriter à l'ombre de vos ailes?

Il est raconté par Thérèse elle-même qu'étant appelée à fonder un monastère à Salamanque, elle y fut attirée par le voisinage de son Université et de son collège des Jésuites. Là, tandis que le Recteur, Martin Guttierez, prêtait aux Carmélites le service de sa direction et de ses conseils, les Carmélites donnaient aux écoles l'assistance de leurs prières et de leurs bonnes œuvres. Mes chères Sœurs, ne vous semble-t-il pas que quelque chose de semblable se passe parmi nous? Pour moi, j'ai souvent pensé que ce n'était pas sans un dessein miséricordieux que le Seigneur vous avait transférées dans ce quartier, tout à côté de nos deux établissements d'études, tous deux consacrés pareillement à saint Joseph, votre père comme le nôtre. J'en ai conçu bon espoir pour le salut et la victoire de cette « armée d'élite, » que, nous aussi, nous voulons donner à l'Église ; et lorsque je vois le péril planer sur l'une ou l'autre de nos institutions, je me tourne vers votre monastère, je prête l'oreille au son religieux de la cloche qui annonce votre prière, et je prends la confiance que Celui qui avait promis à Thérèse d'exaucer toutes ses demandes, ne restera pas sourd à celles de ses filles.

O Thérèse, une de vos dernières paroles, avant votre précieuse mort, fut cette parole simple et grande : « Je suis fille de l'Église, je meurs fille de l'Église. » Fille de l'Église militante, vous nous avez appris comment on trouve, on aime et on sert Jésus-Christ dans le temps. Fille de l'Église triomphante, obtenez-nous de connaître un jour comment on jouit de son amour et de sa gloire pendant l'éternité. Ainsi soit-il !

— LILLE. TYP. J. LEFORT. 1886 —